시로 쓴 나가이 다카시

초토의 꽃

한명수 연작시집

시로 쓴 나가이 다카시
초토의 꽃

초판 1쇄 발행 2025년 9월 1일

지은이 한명수
펴낸이 장길수
펴낸곳 지식과감성#
출판등록 제2012-000081호

교정 주경민
디자인 윤혜성
편집 윤혜성
검수 이주연
마케팅 김윤길

주소 서울시 금천구 벚꽃로298 대륭포스트타워6차 1212호
전화 070-4651-3730~4
팩스 070-4325-7006
이메일 ksbookup@naver.com
홈페이지 www.knsbookup.com

ISBN 979-11-392-2764-2(03810)
값 12,000원

- 이 책의 판권은 지은이에게 있습니다.
- 이 책 내용의 전부 또는 일부를 재사용하려면 반드시 지은이의 서면 동의를 받아야 합니다.
- 잘못된 책은 구입하신 곳에서 바꾸어 드립니다.

지식과감성#
홈페이지 바로가기

시로 쓴 나가이 다카시

초토의 꽃

한명수 연작시집

자살감정

추천사

"어둠 속에서 빛을 선택한 이가 있었습니다. 죽음 속에서도 생명을, 증오 속에서도 사랑을 노래한 이가 있었습니다. 그의 이름은 나가이 다카시입니다."

나가이 다카시 박사는 20세기 일본 가톨릭교회가 낳은 탁월한 신앙의 증인이자, 깊은 지성과 겸손한 사랑으로 시대를 밝혀 온 평화의 사도입니다. 그는 원자폭탄이 나가사키를 덮친 그 참혹한 현실 속에서도 의사로서, 가장으로서, 그리고 무엇보다 그리스도의 제자로서, 끝까지 인간의 존엄과 복음의 희망을 지켜냈습니다.

그는 인간을 사랑하는 법을 배운 이였고, 사랑의 방식으로 세상을 섬긴 이였습니다. 그의 고통과 믿음, 그리고 삶의 선택은 단지 한 개인의 경건한 생애를 넘어, 시대와 국경을 초월한 보편적 신앙의 증거로서 오늘날까지도 깊은 울림을 전하고 있습니다. 이러한 삶의 여정을 가톨릭교회는 '복자의 모범'으로 바라보고 있으며, 현재 나가사키 대교구는 나가이 다카시 박사와 그의 부인 미도리 여사의 시복 절차를 정식으로 승인하고, 예비 조사를 포함한 준비 작업을 신중하고 경건하게 진행하고 있습니다. 그분들의 삶은 그리스도 사랑의 실제적 증거이며, 이를 세상에 널리 알리는 일은 오늘을 살아가는 우리 모두의 과제입니다.

이러한 가운데, 우리 교구에서 오랜 시간 나가이 다카시 박사의 삶을 묵상하며 그의 일생을 시로 표현해 온 한명수 미카엘 선생이 그 작품들을 모아 시집 『초토의 꽃』으로 발간하게 된 것을 매우 기쁘고 감사한 마음으로 맞이합니다. 이 시집은 나가이 다카시 박사의 귀한 사명을 시라는 문학적 형식으로 품은 영적 여정의 산물입니다.

한명수 시인은 나가이 박사의 삶과 내면, 신앙과 고통, 사랑과 회개의 여정을 한 편 한 편의 시에 담아내며, 단순한 역사적 서술을 넘어 그분의 내면 깊은 영성과 복음적 메시지를 현대적 언어로 증언합니다. 특히 전쟁과 원폭, 아내와의 이별, 그리고 깊은 침묵 속에서 피어난 평화와 용서의 노래는 이 시집 안에서 뜨겁고도 투명한 언어로 되살아납니다. 이 작품들은 단순한 문학작품을 넘어, 복음의 생명력이 어떻게 한 인간을 성화의 길로 이끄는지를 묵상하게 하는 예언적 증언이며, 시복 운동 안에서 피어난 한 송이의 '기도'입니다.

더욱 뜻깊은 것은 이 시집이, 한국의 '여기회'가 오랜 세월 일본의 여기회와 나눈 형제적 우애 속에서, 나가이 박사의 정신을 함께 계승하고 문화운동을 이어온 흐름 속에서 탄생했다는 점입니다. 국경과 언어, 민족의 상처를 넘어, "네 자신처럼 이웃을 사랑하라"라는 복음의 명령 아래 사랑의 실천을 공유해 온 두 공동체의 교류는 나가이 박사의 삶이 지닌 보편성과 영원성을 상징적으로 드러내며, 이 시집의 의미를 더욱 빛나게 합니다.

저는 이 시집 『초토의 꽃』이 나가이 다카시 박사의 삶과 영성을 더 많은 이들에게 소개하고, 시복을 위한 기도와 연대, 그리고 사랑의 문화운동에 기꺼이 불꽃이 되기를 진심으로 희망합니다. 모든 독자가 이 시를 통해 자신의 내면에서 다시금 사랑의 불꽃을 발견하고, 각자의 자리에서 평화를 위한 증인이 되기를 기도합니다.

2025년 6월 23일

한국여기회 총재 · 천주교 대구대교구장

조환길 타대오 대주교

차례

추천사 5

제1부

15   초토의 꽃 • 1 - 여기당 앞에 서면

19   초토의 꽃 • 2 - 그대 떠나던 날

제2부

25   초토의 꽃 • 3 - 세상 호흡을 시작하다

28   초토의 꽃 • 4 - 새로운 인생 여정의 시작

30   초토의 꽃 • 5 - 내면의 소리

32   초토의 꽃 • 6 - 우라카미로 가다

35	초토의 꽃 • 7 - 두 가지 처음
38	초토의 꽃 • 8 - 만주에서 기도를 느끼다
40	초토의 꽃 • 9 - 한 줄기 빛
42	초토의 꽃 • 10 - 회심의 나날
44	초토의 꽃 • 11 - 혼인성사
45	초토의 꽃 • 12 - 신혼생활
46	초토의 꽃 • 13 - 사랑의 직분
48	초토의 꽃 • 14 - 영혼의 어둠
50	초토의 꽃 • 15 - 태평양전쟁
53	초토의 꽃 • 16 - 백혈병

제3부

59	초토의 꽃 • 17 - 사이렌
60	초토의 꽃 • 18 - 불탄 땅에서 일어서다
63	초토의 꽃 • 19 - 노을 속에 아내를 묻고
66	초토의 꽃 • 20 - 나가사키에 돌아오다
69	초토의 꽃 • 21 - 치유의 기적
73	초토의 꽃 • 22 - 연설
76	초토의 꽃 • 23 - 가난한 부자의 집

78   초토의 꽃 • 24 - 아이들아

80   초토의 꽃 • 25 - 명예시민 되던 날

81   초토의 꽃 • 26 - 헬렌 켈러의 손

83   초토의 꽃 • 27 - 선율

85   초토의 꽃 • 28 - 우라카미 작은 오두막에는

87   초토의 꽃 • 29 - 나가사키의 종

89   초토의 꽃 • 30 - 유언

92   초토의 꽃 • 31 - 종고(終苦)의 시간

94   초토의 꽃 • 32 - 무덤 앞에서

제4부

99   초토의 꽃 • 33 - 나가사키의 성자(聖者)

발문 119
후기 125

제1부

초토의 꽃 · 1
– 여기당 앞에 서면

여기당 앞에 서면
그대가 잔잔한 웃음으로 걸어올 것만 같다.

1945년 8월 9일 원폭의 나가사키
시간이 멈춘 하늘 아래 녹아 엉킨 아내의 묵주사슬
두 아이를 안고 우두커니 허공을 바라보는,
원자핵 방사능 폐허의 도시 잿더미 들판 한가운데
죽음의 바람이 귓불을 스치고 혀를 날름대는 시간
백혈병을 이고 지고 우라카미로 돌아오던
그대가 잔잔한 웃음으로 걸어올 것만 같다.

어둠의 그림자만 서성이는 초토의 땅 해 지는 벌판
사라지는 모든 것 위에 오로지 살아 있는
한 줄기 하느님의 말씀
영원하다 영원하다 가슴에 맴돌 때
어린 아들과 사람들에게 전쟁의 본체를 알리던,

호전주의자들을 반전주의자로 바꾸어 놓을 것이라는
하여, 일생 평화를 지키는 하느님의 사람이 되리라던
그대가 잔잔한 웃음으로 걸어올 것만 같다.

가진 것이라곤 병든 몸밖에 없던
그대가 그마저 내어놓고
성당을 복구하고
벚나무 일천 그루를 심고
아이들의 책장을 만들어 놓고
미항(美港)의 나가사키 재건을 위하여
가진 것 모든 것을 온전히 내어놓은 그대가
잔잔한 웃음으로 여기당을 걸어 나올 것만 같다.

기도하고 글 쓰고
기도하고 아이 돌보고
몸은 자유롭지 않아도 영혼은 하느님 안에 자유롭던

그대 평화의 정신이 더 자유로이 번져가는 나날들
여기당은 여기애인의 현장이 되고 삶이 되고
하느님 사랑이 더욱 깊이
더욱 높이
더욱 멀리
가없이 전해지는 집이 되었던 그대 삶의 자리
그 여기당 앞에 서면
그대가 잔잔한 웃음으로 걸어 나올 것만 같다.

우라카미 성당 언덕 성모상 자애로운 미소가
그대 묵주 기도손 끝에서 빛나고
삶의 모든 길에서 하느님을 보았던
모든 것이 변해도
절대 하느님 말씀은 변하지 않는다던 그대
잿더미 위에서 이어간 기도
그대 평화의 노래가

우리 가슴에 지지 않는 별빛으로 살아 숨 쉬는,

여기당 앞에 서면
그대가 잔잔한 웃음으로 걸어올 것만 같다.

초토의 꽃 • 2
- 그대 떠나던 날

천사들이 그대를 하늘나라로 이끌어주고,
순교자들이 그대를 거룩한 도시 예루살렘으로 영접하고,
천사의 합창대가 그대를 맞이하고,
가난했던 나자로와 더불어 그대 영원한 안식에 들기를.

그대가 우라카미 성당을 떠나던 날
소나무 관을 휘감아 돌던 성가 소리 하늘을 두드리고
구름 사이 빛나는 빛 너머로 하늘 문이 열리는 동안
사람들은 길을 걸어 그대를 아내 곁으로 이끌었다.

하느님과 함께 걸어온 이 땅의 여정은
1932년 우라카미 성당 성탄 전야의 미사로 시작되었고
1951년 부활 시기 마지막 미사로 여정을 접는구나.
친구 야마다가 성당 종을 울리고 삼종기도 종을 울리고
나가사키의 모든 교회에서 모든 절에서 종을 울리고
그렇게 평화의 종소리 안으로 '인 파라디숨'이 울려 퍼졌다.

여기당의 가난한 성자를 기억하는 나가사키
모든 공장에서는 사이렌을 울렸고
항만의 배들도 고동 소리 높였고
사람들은 일손을 놓고 그대 영혼의 손을 잡았다.
그렇게 그대 안에 하나가 되고
나가사키가 하나가 되고, 하늘과 땅이 하나가 되고
사람과 사람, 사람과 그대, 그대와 하느님
그리고 우리 모두 하늘 아래 하나 되는 순간
평화의 노래는 하늘에서 내려오고
사랑의 노래는 땅에서 걸어 올랐다.
이 땅에서의 마지막은
저곳의 또 다른 삶으로 이어졌다.

험난한 삶에도 누구를 원망하지도 않았고
비관하지도 않았고
마지막까지도 감사의 삶을 살았던 그대

우라카미 성당을 떠나던 날
마땅히 하늘 문이 열리었어도 그대는
'해야 할 일을 하였을 뿐'(루카 17,10)이라고 했다.

제2부

초토의 꽃 · 3
- 세상 호흡을 시작하다

히로시마 북동쪽 해안선 따라 동해 물결 출렁이는 곳
겨울이면 시베리아 가로지른 바람이 눈보라 몰고 와
이즈모시 남쪽 미토야읍의 오지(奧地) 눈 쌓이는 곳
때 묻지 않은 마을 시마네현에서
1908년, 그는 세상 호흡을 시작했다.

사무라이의 후손
얼굴이 빨갛고 우렁찬 울음소리의 머리 큰 아이
이름은 나가이 다카시,
고상한 기품을 지닌 아이로 살아가기를
의사인 아버지는 미토야 주변 골짝을 돌며
사람을 돌보고 살리는 일에 생을 바치고,
어린 그에게 부모의 삶은
사람을 사랑하는 일이 밥 먹는 것만큼
자연스러운 것임을 알게 하였다.

1920년, 열두 살
사랑하는 자식일수록 멀리 떠나보내야 하는 법
그는
초록 생명의 산언덕 초가에서 누린 행복과 이별했다.
새로운 사고방식의 물결이 이는 마쓰에 고등학교
무신론이 팽배하던 시절
그는 철저한 무신론자가 되어 있었다.

과학만이 미래의 길이라고 믿으며
부모와 함께 고향 병원에서 일할 꿈을 키웠다.
음악을 사랑했고
책 읽기를 좋아했고
사색을 즐겼던
젊고 순수한 청춘!
바위처럼 단단한 현실 위에 서 있는
삶의 번민과 고민을 넘어

의사가 되는 길을 걷기 시작했다.

그는 알기나 했을까, 미래에 일어날 일을,
나가사키 의과대학에 입학할 때까지
아니, 공부하는 동안에도
그 대학 교수생활 동안에도…….

초토의 꽃 • 4
- 새로운 인생 여정의 시작

1928년 4월, 나가사키 의과대학
세계는 경제 공황의 터널로 들어서기 시작하고
그는 부푼 꿈을 안고 대학 생활을 시작했다.

역사와 문화를 공부하고
시를 쓰던 청년 나가이 다카시
무신론자이지만 민족 자긍심이 강했던,
신풍(新風)을 노래하며 일본 정신을 믿었던 그에게
영(靈)의 바람이 맴돌고 있었다.
1931년, 뇌졸중으로 쓰러진 어머니
마지막 눈동자는 말했다.
… 나는 이제 간다, 그러나 영은 사랑하는 네 곁에
… 언제나, 언제나 너와 함께
영혼은 없다고 믿었던 그에게
육신은 스러져도 영혼은 스러지지 않는다고
영의 바람이 일기 시작했다.

파스칼의 문장이 그의 가슴에 다시 살아났다.
인간은 생각하는 갈대,
어머니를 땅에 묻고 집으로 돌아가던 길
남쪽으로 떠나는 증기선 갑판 위에서
「팡세」를 읽고, 다시 파스칼을 만났다.

어머니의 죽음, 그 경험 끝에서
그의 새로운 삶이 시작되었다.

초토의 꽃 · 5
- 내면의 소리

그가 조금씩 변하기 시작했다.
낙관적으로 살아가겠다던,
과학이 사람을 구원한다는 신념을 지녔던,
펼쳐진 이상향에 대한 기대가 사라지는
나가이 다카시의 일상,
아무도 모르리라 여겼던 그의 표정과 몸짓
그리고 가늘게 떨리는 속눈썹의 의미를
사람들은 알고 있었다.

어머니가 없는 땅
눈에 비친 세상은 어제의 그것이 아니었다.
불안한 시간 안에서 절대 진리가 무엇인지,
그런 것이 있기는 한지,
아니면 허구인지 알고 싶었다.
과학의 울타리 너머 거닐고 있는
영(靈)의 숨결……, 그 얼굴이 궁금했다.

선사(禪師)들이 말하는 생명의 고유함을,
녹차 한 잔의 가치와 여유를,
꽃밭에 피어난 이름 없는 꽃들의 자유를,
사람 없는 숲길에 울리는 새들의 소리와
해변에 기대인 조개들의 속삭임과
구름을 스치는 바람의 노래가
무슨 의미가 있는지 느끼기 시작했다.

그래, 삶은 자기에게 의미 있어야 하는 것
태어남과 살아가는 일
죽어가는 일과 죽는 것
그것에는 분명 의미가 있고
또 있어야 한다는 내면의 소리를 들었다.
그의 마음 깊은 곳에서
영혼의 촉수가 조금씩 일어서기 시작했다.

초토의 꽃 • 6
- 우라카미로 가다

나가사키 의대 1931년의 봄

그에게는 여전히 풀리지 않는 의문들이 있었다.

─ 인생이란 무엇인가?

　왜 살고, 왜 죽는가?

　죽고 나면 그다음은?

　과연 신은 존재하는가?

　어떻게 알 수 있는가?

그는 언덕배기에 앉아 메아리로 오가는 봄을 본다.

바람에 일렁이는 마음을 잡고 생각에 잠긴다.

─ 나는 어떤 가설이든 검증할 것이다.

　도대체 기도란 게 무엇인가

　풀어보리라.

　설령 실험실에서 하나의 실험으로 끝난다고 해도.

그는 우라카미로 갔다.

그리스도교 신자가 되지 않아도 알 수 있지 않을까?

왜 기도하는가
기도란 무엇이며 어떻게 하는 것인가
알고 싶어서 우라카미로 갔다.
그리스도교인 가정에 하숙하면 자연스레 알지 않을까
하여 찾은 집이 모리야마 미도리가 사는 집
모리야마 기치 내외가 사는 집
어찌 예견이나 하였으랴
그곳이 처가가 될 줄을
생애의 결정적 회심의 시간이 될 줄을.

기리에 엘레이손, 그리스떼 엘레이손
삼종 소리, 기도 소리가 민요처럼 들려오는 곳,
모리야마 댁 2층 다다미방 창문 너머
붉은 벽돌의 성당이 보이고
새벽에서 한낮으로
그리고 저녁으로 밤으로

종소리가 번지는 들판에 구원의 음성이 스미인 곳,
사제와 수도자와 성도(聖徒)들이
청빈과 정결과 헌신의 삶을 살아가는 곳
그는 우라카미에 왔다.

해 질 무렵,
성당 종소리가 들판에 번질 때
그는 보았다,
의문만 지니고 살아가는 자신의 서글픈 모습을.
깊이 감은 그의 눈 위로 뜨거운 기운이 스치었다.
기운 한 줄기……,
그것이 그에게 인생의 결정적 사건이 될 줄을
오오, 어찌 알기는 하였을까?
그렇게 우라카미의 시간은 시작되었다.

초토의 꽃 · 7
- 두 가지 처음

1932년 의과대학 졸업을 앞둔 새해 벽두
그는 급성중이염을 앓았다.
의식이 미명한데 뇌막염은 아닐까?
용혈현상, 적혈구 파괴
…… 수술 ……
오른쪽 청력의 상실,
의사로서 청진기 사용 불가능 판정,
어찌하지 못하는 그의 시간은
나카시마와 샛강을 타고 말없이 흘렀다.
아무도 관심 두지 않은 의대 방사선과(放射線科)
스에쓰구 이쓰마 교수의 제자가 되고
원자와 방사선, 원자력 연구를 시작하였다.

그렇게 봄이 가고, 여름이 가고, 다시 겨울이 왔다.
성탄 전야 모리야마 가족과의 만찬은 아름다웠다.
── 이보게, 의사 선생! 오늘 밤 미사에 같이 가게나.

─ 아, 저는 그리스도인이 아닌데…….
─ 마구간을 찾은 목자도 동방박사도 마찬가지였다네.
─ 그래도 아직, 믿음이 생기지도 않은…….
─ 교회에 가지 않고, 기도하지 않고 생길 믿음은 없다네.
─ 네에……, 같이 가겠습니다.

우렁찬 성가 소리가 하늘에 닿는 우라카미 성당
나가이 다카시의 생애 첫 미사
그와 동행하는 어떤 힘에 압도당하는 위대한 체험
어떤 '존재'를 느꼈다.
고요한 밤, 거룩한 밤
성가 물결 따라 땅과 하늘이 이어지고
미사 시간 내내 '존재'를 묵상하는 그에게
내면에서 들려오는 소리가 있었다.
진리를 이성(理性)으로 파악할 수는 없지만
마음으로는 체험할 수 있는 법

성탄, 마리아와 요셉
가난한 사람을 선택하신 하느님의 섭리
그 뜻은 무엇일까, 그는 깊이 생각에 잠겼다.
이기적인 마음,
물질 중심적인 생각,
마음에 도사리고 있는 거짓된 것들….
…… 혼란스러웠다.
뒷머리를 휘감아 도는 한 줄기 서늘한 기운
우라카미 성당
사랑의 존재
침묵의 하느님은 고요히
그를 안으시고, 그 안에서, 그와 함께하셨다.

초토의 꽃 • 8
- 만주에서 기도를 느끼다

만주사변
1933년 1월, 히로시마 제11연대 소환 명령
환송식 해는 지고,
터벅터벅,
모리야마 씨 집에는 눈발이 날린다.
미닫이문 뒤 복도
격조 있는 차림의 모리야마 미도리, 무릎을 꿇었다.
── 제 생명을 살려 주셔서 감사합니다.
　　만주…에 가신다지요, 부디 살아서 돌아오십시오,
　　매일 기도하겠습니다.
말없이 내민 스웨터, 향기처럼 피어오른 그녀의 온기
나가이의 심장에 스며들었다.

── 하느님, 그가 총탄에 쓰러지지 않도록 도와주십시오. 그는 아직 당신을 모르지만, 병원 사람들은 말합니다, 그가 당신처럼 관용을 베풀고, 헌신적으로 환자를 돌본다고 말입니다.

그러니 하느님, 사랑의 하느님, 그가 무사히 돌아올 때까지 지켜주십시오.

── 성모님, 당신 도움의 손길을 내어주십시오. 그가 육신의 어머니를 여의었다는 것을 아시지 않습니까. 제가 매일매일 묵주기도를 올리겠사오니, 어머니, 부디 그의 어머니가 되어주십시오. 그에게 당신 따뜻한 품을 열어주십시오.

1월의 눈발은 미도리의 기도손 끝에 고요히 잦아들었다.
온심(溫心)의 기도가 묵주 사다리를 타고 하늘로 걸어갈 때
그는 느꼈다, 기도하는 여인의 붉은 마음을.
경기관총부대 제1중대 만주벌판에서,
메마른 갈색 고독의 땅에서.
눈발처럼 다가온 한 장의 편지
나가사키의 하늘이 만주 하늘을 덮었다.
기도하는 이의 모습이 그의 이마 위에 머물렀다.

초토의 꽃 • 9

– 한 줄기 빛

군대의 잔혹성이 늪을 이루던 만주전선
그에게 배달된 소포꾸러미에 향기가 돌았다.
미도리의 편지와 공교요리(公教要理)
'숨을 쉬기 위해 공기가 필요하듯
기도는 인간 영혼에 꼭 필요한 것입니다.'
또박또박 쓴 그녀의 손 글씨
나가이는 교리서를 펼쳤다.
인생 궁극의 문제를 명쾌하게 적은 교리서
십계명을 읽는 순간,
바늘에 찔린 듯 심장이 멎는 듯, 충격……,
'내가 이렇게 더러웠구나.
아, 지금까지 악마의 십계명을 살았구나.
교만과 음욕과 탐욕과 분노와……
나쁜 모든 짓을 행하며 살았구나.'
지난날의 언행이 부끄러웠다.
현재도 미래도 어둡게 느껴졌다.

통회의 눈물…… 콧등을 타고 내릴 때
찰나의 틈새로 빛줄기 하나 그의 이마에 앉았다.
영혼에 기도가 필요하다던
귀환의 날까지 매일 기도하겠다던
그녀의 말을 믿고 싶었다.
그녀의 약속은 한 줄기 빛이었다.
인생에 궁극의 의미가 없다면
지금 이 삶이 무슨 소용이 있을까,
그의 머리 위를 지나는 하늘의 손길
가슴에 빛 한 줄기 비추고 있었다.

초토의 꽃 • 10
- 회심의 나날

만주 전선에서 나가사키로 돌아왔다.
…부두,
가파른 언덕을 올라 성당으로 갈 것인가
번화가의 비너스에게 위안을 얻을 것인가,
생각에 잠겼다.
전선의 추위를 감싸준 스웨터의 여인
미도리 얼굴이 떠올랐다.
그래, 마음의 어둠에 빛 한 줄기 심으리라.
그는 우라카미 성당 모리야마 신부를 만났다.
── 신부님, 신이 없다고 생각하며 지냈습니다.
　　정신 나갈 정도로 술을 먹고, 쓰러지곤 했던 습관들
　　매춘굴 드나들며 순간 환락에 빠졌던 날들
　　그 모든 잘못 깊이 반성합니다.
　　그래도 하느님을 만날 수 있을까요?
── 하느님은 탕자를 기쁘게 맞이하십니다.
　　죄인을 구하기 위하여 이 땅에 오셨지요.

나가사키 의대 엑스선과에도 복귀
그는 주일마다 미사에 참례하고
마침내 본격적으로 교리 공부를 시작했다.
…그러나, 군국주의와 극우 세력의 세상,
그리스도교를 받아들이는 이를 배척하는 시절
그의 아버지는 나가이의 영세를 반대했다.
가문의 전통과 세례 사이
그는 인간적 고뇌를 안고
모리야마 진자부로의 신앙과 순교 이야기를 들었다.
…하느님의 손길
그의 심장은 뜨거워졌고 결심은 굳어갔다.

1934년 6월, 성당 제의실
사탄과 사탄의 모든 일과 허세를 물리치고
나가이 다카시,
그리스도인 '바오로'로 태어났다.

초토의 꽃 · 11
- 혼인성사

—— 많은 방사선 과학자가 암에 걸려 죽었고
저도 그런 위험에 놓여 있습니다.
결혼 승낙 전에 알아두어야 할 점입니다.

—— 인생의 길을 함께 갈 수 있다면
어디에든, 무슨 일이든, 어떤 상황이든
함께 걸어가는 것은 저의 결의입니다.

1934년 8월,
나가이 다카시와 모리야마 미도리의
혼인성사

나가이 가문의 전통과 노보루의 불편함
첫아기가 할아버지 품에 안기자
전통과 새 물결은 평화의 강을 따라 흘렀다.

초토의 꽃 · 12
– 신혼생활

    순심여학교 교사 미도리,
  채마밭에서 일하기, 바느질하기, 꽃꽂이와 수예 가르치기, 농사 소출 이웃과 나누기, 남편의 연구 활동에 필요한 사소한 일 도와주기, … 다도를 하든, 호미질을 하든, 무엇이든 능숙한, 강하고도 섬세한 이 여성을
  사랑했다.

    나가사키 의대 의사 나가이,
  방사선과 독립을 위한 혼신의 연구, 엑스선 강의, 논문 쓰기, 바쁜 나날 속, 성 빈첸시오 아 바오로회에서 봉사하기, 천식 환자가 되었고, 죽음을 체험, … 언제 죽을지 모르지만, 그 날까지, 삶에 최선을 다하는 이 남성을
  사랑했다.

    이들에겐 1남 3녀의 자녀가 생겼다.

초토의 꽃 · 13
- 사랑의 직분

나가사키 의과대학병원 의국장(醫局長)
나가이 다카시, 어느 날, 깨달았다.
── 다른 이의 신앙을 위해 나는 무엇을 하였나?

성 빈첸시오 아 바오로회 활동
절대 자기를 드러내지 않고
돈이 모자랄 정도로 베풀어야 하는,

그는 무의촌(無醫村)을 순회하며
진료, 동화 구연, 환등기 상영, 성극,
청년과의 소통, 가난한 이들 도와주기,

어떤 대가(對價)도 바라지 않고
기쁘게, 사랑의 이름으로 행하면서
드러내지 않고, 묵묵히,

의사로서
예수 그리스도가 사람들에게 보여준 그대로
신앙인과 비신앙인의 경계를 두지 않고,

자기 죽음을 잊은 채 이웃을 돕고
절망한 이에게 희망을 심고
죽어가는 이들을 되살리곤 했다.

초토의 꽃 · 14
- 영혼의 어둠

군부독재의 1937년 여름,
중국과 일본의 전면전
제5사단 위생대 의무장 나가이 다카시 중위는
중국행 배를 탔다.

30개월의 중국 전선
군국주의자들의 야만성을 체험한 그는
누군가를 패배시키고자 하지 않았다.
전쟁에서 이기고자 하는 것도 아니고
상처를 입은 이를 치료할 뿐이었다.
일본인이든 중국인이든 군인이든 민간인이든….

관용을 찾을 수 없던 군국주의자들의 시대
정의와 평화는 어디에 있는가?
그의 신앙은 깊어갔다.
자신을 하느님의 섭리에 맡길 때는 평화로웠다.

1939년 성탄 전야
부상병을 불태워 포로가 되지 않게 하라
지휘관의 명령,
딜레마 속으로 떨어진 나가이는 묵주를 잡았다.

아내의 편지
딸 이쿠코와 장인어른의 사망 기별
전장의 시간이 그의 머리를 때렸다.
어둠 속에서 잠든 채 죽고 싶었다.

영혼,
어둠 속을 걸었다.

초토의 꽃 · 15
- 태평양전쟁

1940년 1월,
그는 일본으로 가는 수송선을 탔다.
시모노세키 선창가에 아내가 서 있었다.

다시 방사선학 연구와 강의
아내는 부녀봉사 연합회장으로 봉사 활동
일상은 그렇게 평화로운 듯했다.

1941년 12월,
아침 미사, 아침 식사를 마쳤다.
거리의 확성기
—— 오늘 새벽 황국 군대가 영미 연합군과
　　교전 상태에 들어갔다.

태평양전쟁,
그의 몸에 전율이 일었다.

그러나 알지는 못했다,
후일 터져버린
원폭 폭심지에서 200미터 지점에
자신이 서 있다는 것을.

1942년 6월, 일본 미드웨이 해전 패배
1943년 초, 일본 군사기지 보급로 차단
1944년 7월까지,
타라와 비아크 공군기지, 사이판, 티니언, 괌 함락
매
  일
    공
      습

과연 정당한 전쟁인가? 그는 생각했다, 그리고
군인과 민간인을 구별하지 않고 부상자를 돌보았다.

그것은 지극히 도덕적인 것
그는 방공 훈련에 혼신을 다했다.

초토의 꽃 · 16
– 백혈병

과다한 방사선
엑스선 기계는 그에게
죽음의 씨앗을 뿌렸다.

백혈구 수치 1,000% 높았고
적혈구는 40% 낮았다.
그는 웃으며 말했다.
── 환자 나가이 다카시 백혈병 소견
　　2, 3년 살기 어려움, 서서히 죽어가게 됨.

언젠가는 모두 죽게 된다는 것을 알면서도
그는 그 사실을 받아들이기 힘들었다.
── 주님, 견딜 자신이 없습니다.
　　아내와 아이들은 어찌합니까?
　　저는 지쳤고, 십자가가 너무 무겁습니다.

아내에게 사실을 털어놓았다.
대나무처럼 청청한 그녀의 어깨가 흔들렸다.
── 우리 삶이 하느님의 영광을 위한 것
　　　삶도 죽음도 모두 아름다운 것
　　　당신은 그분의 영광을 위하여 헌신하였습니다.

눈물이 났다,
흘러내렸다,
나카시마가와(中島川)도 젖어들었다.

제3부

초토의 꽃 • 17
– 사이렌

1945년 8월이 되면
꽃의 나가사키가 불소나기 도시가 될 것이다.
미군 삐라의 소문은 현실이 되었다.

히로시마가 쑥대밭이 되었고
B-29는 티니언섬을 떠나 북쪽을 향하고 있었다.

남편의 도시락을 전해 주지 못한 채
아내의 따스한 정성을 받지 못한 채

살아남을 사람과
죽게 될 사람의 이별
8월 9일
사이렌 소리가 먼저 알려 주었다.

초토의 꽃 • 18
- 불탄 땅에서 일어서다

허공을 거닐던 '핵탄 팻맨'
1945년 8월 9일 11시 2분 그날 그때
나가사키를 검게 누여버리고 사라졌다.
무시무시한 섬광이 하늘을 가리더니
풀빛들은 모두 잿빛이 되었다.
죽은 이의 끊어진 팔과 뭉그러진 얼굴은
돌담과 울타리에 걸렸고,
산 이의 살가죽은 감자껍질처럼
대롱대롱 손끝에 매달렸다.
머리 없는 아이를 끌어안고 달리는 엄마,
죽은 아버지의 몸뚱이를 끌고 가는 아이들,
몇백 도의 열기에 벌거벗긴 이들의 비틀거림 속으로
어슬렁대는 검은 바람은 심장을 파고들어
죽어가는 이들의 마른 핏물을 핥고 있었다.
생명체의 생명을 모두 거두어 공중으로 오르는
악마의 하얀 구름

지옥 불을 안은 버섯처럼 솟을 때
나가사키는 어둠 속에 쓰러지고 있었다.
불타는 병원
불타는 사람
불타는 나가사키
아내의 죽음을 예감한 그대 눈이
의식을 잃어가는 동안
집이 불탄 자리에선 연신 연기가 피어올랐다.
성당은 죄 하나 없이 죽은 어린양처럼 쓰러졌고
풀벌레 소리도 더 이상 들려오지 않았다.
……오, 나가이 다카시
관자놀이 동맥에서 튀어나온 핏물이
사방팔방 솟구쳐도
환자를 위해 이리 뛰고 저리 뛰어도
피로 물든 가운 위로 검은 빗물은
죽음의 혓바닥 악마의 침인 양 그대를 넘어뜨렸다.

그러나, 그러나,
서로의 손을 잡고 그대는 말한다.
'우리는 불가사의한 운명으로 하나로 묶인 사람'
기도하는 그대는 초토의 꽃이었다.
한 줄기 희망 위에 그대는 꽃망울을 열었다.
초토 나가사키에서
나가사키 초토에서
그대는 조금씩 피어나고 있었다.

초토의 꽃 · 19

– 노을 속에 아내를 묻고

땅바닥에 주저앉은 짐승처럼
불타고 부서진 우라카미 성당은
살해당한 어린양.
새카만 시체와 해골
잘린 목에 남은 머리
모두 눈 감고
바람이 뒹구는 길을 따라
흔들리듯 멈추어 있고
멈춘 듯 흔들리는 얼굴과 얼굴들
숯이 되고 재가 되고.

어디로 가야 할지
무엇을 해야 할지
알 수 없는 생각 너머의 하늘에는
검은 바람에 '삐라'들만 너울댄다.
검은 연기

모든 것을 빨아들이는 거대한 구멍
검은 걸음이 스친 자리에는 죽음의 미소가 머물고
뜨거운 열기는 산 자의 피 냄새만 맡는다.
……그렇게, 초토의 순간과 순간이 지나고
산 것인지 죽은 것인지
알 수 없는 시간이 지나고.

나가이……, 깨어진 기왓장,
타고 또 타고 남은 잿더미에서 찾은
아내의 머리뼈와 엉덩이뼈
등골뼈 몇 점
오른손 뼈마디 사이에 녹아내린 묵주
아내의 마지막 모습
나가이……, 불탄 양동이에 뼈를 모아 들고 걸을 때마다
덜컹대며 부딪는 뼈들의 소리는 누구의 소리인가?
…… 남편을 기다리며 부엌에서, 기도하며 요리하며

남편을 기다리며, 남편을 기다리며, 그렇게 기다리던
아내의 목소리인가? 아내의 목소리인가!

노을 속에 아내를 묻고 돌아서는 그의 눈에는
메마른 눈물이 흐르고 하늘은 여전히 어두웠다.

초토의 꽃 · 20

- 나가사키에 돌아오다

피 말라붙은 붕대…,
때 묻고 찢어진 옷, 야윌 대로 야윈
면도도 하지 않은
아니, 할 수 없었던 한 남자의
슬픈 귀향,
다시 나가사키에 왔다.

초토의 땅, 밑에, 생명을 이어가는 곤충들
그 작은 걸음 사이로 시간은 흘러
19450815…12:00…라디오 전파를 타고…
"참을 수 없는 일을 참아야 하고
견뎌낼 수 없는 일을 견뎌야 한다."
히로히토 천황의 격앙된 목소리
일본 열도를 울리고,
무조건 항복,
끝없는 침전,

곤두박질치는 민족,
그 슬픈 남자,
방사능의 강물은 그의 핏줄을 타고 흘렀다.
사십 도를 넘나드는 체온, 백혈구 감소,
탈모,
잇몸 출혈,
만성 피로,
터져버린 관자놀이,
피 솟는 핏방울은
방사능 강을 따라 죽음의 큰 바다로 걸어갔다.

'은총이 가득하신 마리아님….'
'은총이 가득하신 마리아님….'
눈도
머리도,
움직일 수 없는 암흑의 의식,

그 너머 들려오는 한 점 빛의 기도 소리.
마지막 남은 호흡 하나로 올리는
나가이 다카시의 가녀린 기도,
그리스도 앞에서
주님! 저를 당신의 거룩한 손에 맡깁니다!

순간, 아아, 관자놀이 동맥피가 멈추었다.
죽음의 큰 바다도 무릎을 꺾었다.
죽음에서 다시 다시 돌아왔다.
면도(面刀) 없는
텁수룩한 남자
그 순결의 수염 위에 하늘이 다시 돌아왔다.

초토의 꽃 • 21
- 치유의 기적

1945년 9월 8일, 그에게
원자폭탄증(原子爆彈症) 여러 증세가 심각했다.
체온 상승,
부풀어 오르는 몸뚱이와 얼굴,
썩어가는 관자놀이,
멈추지 않는 출혈,
맥박도 심장박동도 꺼져가고 있었다.

아코다민, 각성제가 투여되었다.
…… 이제 떠나야 하나 보다.
…… 그래, 맑은 가을 하늘로 나는 떠난다.
…… 아, 의식이 사라진다.
…… 눈을 크게 뜰 수 없다.
…… 숨을 쉴 수 없다.

겨우 뱉은 말,

……쇼……크……호흡……
죽어가는 나가이
혼수상태
동료의사들도 속수무책

나가이 다카시, 가을 하늘 속으로 떠가는 느낌
그때, 어디선가 들려오는 기도 소리
장모의 부드러운 목소리
―― 입술이라도 축여보게!
　　혼고우치 수도원 마리아 동굴에서 가져온 물이야!

루르드의 성모동굴
하느님의 어머니 마리아
마리아-나가이의 혼미한 의식 속에 떠오른 얼굴
―― 나는 들었어.
　　막시밀리안 콜베 신부님께 기도를 청하라!

나는 그분께 기도를 청했어.
그리고, 그리스도 앞에 나아가 말씀드렸어.
주님! 저를 주님의 거룩한 손에 맡기나이다!

정적도 멈춘 찰나
── 출혈이 멈추었어요! 간호사의 놀란 목소리
오오, 멈추었다, 살았다.
현장에 있던 의사들 모두
그리고 나가이 다카시
의료적 도움 없는 그 치유를 기적으로 받아들였다.

그렇게 한 달의 시간이 흐르고
나가이는 마침내 집으로 돌아왔다.
그는
죽은 이들을 위해 기도하며 지냈다.
머리카락도 자르지 않고

수염도 밀지 않고
깊은 참회(懺悔)의 시간을 보냈다.

초토의 꽃 • 22
- 연설

1945년 11월 23일,
부서진 성당 옆에 모인 사람들
긴 머리칼,
긴 수염 사이로 수척한 얼굴…
오로지 빛나는 눈빛
나가이 다카시 신자들 앞에 서다.

우리는 묻지 않을 수 없다.
8월 15일의 종전(終戰)과 성모 승천 대축일
우연인가 섭리인가?
나가사키는 하느님의 선택된 희생 제물
흠 없는 어린양이 아닌가?
우리는 하느님의 자녀임을 잊고
우상을 숭배하고
사랑을 잊고,
카인이 아벨을 죽이듯 그렇게 살아왔다,

…회개만으로 평화를 얻을 수 없는 법,

나가사키

흠 없는 어린양

그 희생 제물로 전쟁은 끝났다.

슬퍼하는 자는 행복하다, 그들은 위로받을 것이다.

우리는 패전국으로서 인류에게 배상해야 한다,

비웃음, 채찍, 지은 죄에 대한 벌, 피투성이가 될 수도 있다,

그날의 예수 그리스도처럼 8월 9일 자정의 번제

평화의 빛을 들고 일어서는 성당의 불꽃 하늘 치솟던 그날

순수한 장엄, 참으로 위대한 아름다움, 하느님의 섭리여,

주님께서 주셨고, 주님께서 거두어 가셨다.

깊은 침묵,

성당 안 파편 더미 속을 지나

신자들의 가슴을 지나

나가사키 하늘을 지나

묵시록의 검은 태양을 열며 걸어가고…,
나가이 다카시 신자들 앞에 앉다.

초토의 꽃 · 23
- 가난한 부자의 집

이웃을 자신처럼 사랑한 이의 집
꼭 있어야만 살 수 있는 것 외에는 아무것도 없는,
비어 있어 채워지는
가난한 부자의 집.
나가사키 오두막 … 다다미 두 장의 집
병으로 누워 있는 자신에게 한 장
잠잘 곳이 필요한 아이들에게 한 장
오는 이를 위하여 널빤지 한 장 덧대어
바람도 머물다 가도록 마음 둔 의자도 가난한데,
갓도 없이 알만 남은 전구 하나의 순정으로
어두운 밤에도 살아 있음을 알렸던 나가사키의 빛
성경과 몇 권의 책과 십자고상
묵주 향이 번지는 마리아상 아래 책장 하나….
비만 피할 수 있는
아니, 때로는 빗물조차 안아 보듬는
가난한 부자의 집 나가사키 오두막,

마음이 가난하여 하늘이 쉽게 다가서는 집
고개 들면 언제나 볼 수 있는 바다의 별과
하늘과 땅을 묵주기도의 사슬로 이어놓은
영혼의 집
사랑의 집
가난한 부자의 집 나가사키 오두막이여.
초토의 들판에 희망의 꽃을 심은
사랑이라는 이름으로 세상을 향해 노래 부르던
그의 숨결이 휘감아 도는 나가사키 들판에
깃발처럼 선 가난한 부자의 집
평화의 여기당이여.

초토의 꽃 • 24
- 아이들아

아이들아,
내가 죽으면 너희는 슬퍼서 울 것이다.
그래, 그래도 괜찮다,
하느님 앞에서 운다면,
그분이 위로해 줄 것이다,
그분께서 눈물을 닦아주실 것이다.

아이들아,
내가 죽으면 너희는 분명
고아(孤兒)의 쓴잔을 마실 것이다.
부모 있는 친구에게 원한 품는 유혹이나
삶을 비관하고 불신의 늪에 빠지려는 유혹 앞에서
분명 힘든 싸움을 하게 될 것이야, 하지만
부정의 시간을 보내지 말고 사랑하며 살기를….

아이들아,
하느님을 믿어야 한다.
우리가 이다음 천국에서 만나게 될
사랑하는 사람들과 함께 나눌 영원한 삶을 살도록
우리를 이끄시는 그분을 믿어야 한다.
너희의 파랑새는 오직 천국에서만 찾을 수 있는 것,
그날까지 우리는 쓴잔을 마실 것이다.

아이들아,
주님 말씀대로
영원한 것을 사랑하여라.
사람을 사랑하고, 그분의 섭리를 믿어라.
모든 것의 해답을 아시는 유일한 분 안에서
평화를 누리어라.

초토의 꽃 • 25
- 명예시민 되던 날

1949년 12월,
나가사키 명예시민이 되던 날,

주님, 밤하늘의 달빛은 태양 빛이 없으면 없고
열이 없으면 차가운 돌덩이에 불과하듯
제가 받은 명예시민의 이름은 당신의 빛을 드러내는 것
당신의 사랑을 대신 알려 주는 것임을 압니다.
주님, 저는 자신에 대한 환상은 없습니다.
오로지 주님, 당신 없는 저를 생각할 수 없고
당신 없는 명예는 쓸모없는 종의 교만일 뿐입니다.
저에게서 일어난 이 모든 것을 받으십시오.

모든 영예를 하느님께 드렸다,
그대는.

초토의 꽃 · 26
- 헬렌 켈러의 손

열린 미닫이에 가을이 걸어오던 날
다리를 번쩍번쩍 무용하듯 그녀가 걸어왔다,
발밑 조심하세요, 돌들이 있어요.

아픈 위장 두 손으로 누르고 등으로 굴러
그녀에게 갔지만, 설 수 없고 잡을 수 없어,
휘젓는 두 손 사이 가을바람도 비켜갔다.

그녀의 비서, 두 손을 이어주니
따스한 마음 손을 타고 걸어와 몸속으로
병든 몸속을 걸어 기쁜 전율이, 되었다.

두 손이 예수님의 몸처럼 느껴져요.
그래요, 저도 감격스러워요.
모든 것을 여기 쏟을 수 있다면 얼마나 좋을까요.

다시 만날 기회 또 올까, 영원한 의미의 만남이,
아, 소중한 선물, 천국에서 만날 때까지
우리의 그날까지 잘 간직할게요.

할머니의 손, 마코토의 손을 마주 잡은
그녀의 손에 평화의 웃음이 넘쳤다.
가야노의 작은 손을 잡으니 가을바람도 눈물 흘렸다.

초토의 꽃 · 27
- 선율

1949년 가을 여기당은 평화로웠다.
초토의 땅, 피폭 이파리 몇 점 고개 숙일 때
모길레브스키의 바이올린이 걸어왔다.

포탄 검은 입김에 문질러진 소학교 아이들
상처에 젖은 맹아학교 아이들, 그리고 나가이
여기당은 음악당이 되었다.

아베 마리아, 그라띠아 쁠레나
…… 도미누스 떼꿈
슈베르트의 음표는 신비로이 하늘로 걸어갔다.

땅과 하늘 사이 바이올린 현이 이어지고
자유와 평화의 아름다운 율조는
눈 없는 아이의 눈과 젖은 종양을 어루만졌다.

나가이……, 시공을 넘은 자유가 춤을 췄고
연주자의 손끝 평화의 눈물은 땅을 적시고
선율은 하늘로 가을 여기당을 들어 올렸다.

초토의 꽃 • 28
- 우라카미 작은 오두막에는

우라카미 작은 오두막에는
삶의 신비를 품은 얼굴이 있다.
평화의 향기, 순결한 숨결, 때 없는 웃음의 머리카락
진실한 눈빛과 눈썹, 기도 입술.

1949년 5월 14일
교황 비오 12세의 메시지와 묵주가
우라카미 작은 오두막에 왔다.
그의 마지막 병상을 지킨 것은 묵주와 기도 소리.

우라카미 작은 오두막에는
모든 것의 모든 것이 있다.
성경, 십자고상, 성모상, 기도, 그리고 하느님
손에서 가슴으로 걸어가는 신비가 있다.

우라카미 작은 오두막에는

세상 한가운데로 통하는 힘이 있다.
세상 사람의 기도
평화를 기구하는 세상이 그 안에 있다.

초토의 꽃 • 29
- 나가사키의 종

> 1945년 8월, 두 발의 원자 폭탄 그날 이후
> 많은 사람이 원자폭탄에 대해 관심을 가졌다.
> 나는 그때 그 장소에 있었으므로 그 일을 목격하였다.
> 내가 보고 들은 것, 조사하고 느낀 것
> 그대로 솔직히 알리고자 이 글을 쓴다.
> - 나가이 다카시

그렇다, 그대는 우리에게
전쟁을 피하고 평화를 사랑하는 마음을 심어주고 싶어 했다.
우주의 마지막 날까지 평화의 종이 울리기를 기도했다.

원폭 투하의 실상, 의사로서 겪은 참혹한 현장, 죽음을 맞이한 가족과 동료, 고통 받는 환자들, 성찰과 신앙 고백, 고통 속에서 다지는 신앙, 희생과 용서, 그리고 사랑의 정신, 평화에 대한 메시지…, 그대는 전 인류가 전쟁을 반성해야 함을 힘주어 말했고, 고통의 역사 속에서도 평화와 희망을 전해야 함을 강조했다.

── 나가사키의 십자가 위에서 일본은 속죄의 제물이 되었다.
── 원수를 사랑하라는 그리스도의 말씀을 되새기자.
── 폭풍이 휩쓸고 간 폐허 속에 종소리가 울릴 때,
── 우리는 다시 살아날 수 있음을 알게 된다.
── 이 죽음은 끝이 아니라 영원한 생명으로의 초대이다.
── 이 고통도 하느님의 계획 안에 있다면, 나는 받아들이겠다.

어쩌면 그대는 이렇게 말하는 것 같다.
"절망하라. 그러나 무너지지 말라.
그 속에서 하느님은 당신을 부르고 계신다."

그렇다, 나가사키의 종은
폐허가 된 도시 속에서 종소리는 부활과 희망을 알리는 소리였다.
인류의 양심과 참회, 그리고 새출발을 알리는 상징의 소리였다.

초토의 꽃 • 30
- 유언

사랑하는 아이들아,
어머니는 묵주 하나 남기고 하늘나라로 갔다.
사람을 죽이겠다는 의지가 담긴
'전쟁'이
네 어머니를 죽인 것,
더 이상 전쟁은 안 된다고 외쳐대지만
아, 인간은 어리석고, 알 수도 없구나.

「평화헌법」을 지켜다오.
어쩌면
'전쟁 포기' 조항을 삭제하려는 무리들이
거짓 평화의 탈을 쓰고
다시 무장하려는 목소리 높일지도 모르지.
그런 순간이 오더라도

!!전쟁
　　　!!절대
　　　　!!반대
외치고 외쳐다오.

비난당하고 폭력을 입어도
비겁자라고 멸시 받더라도
배신자라고 두들겨 맞아 버려지더라도
평화를 지키는 마지막 사람으로 남더라도
최후의 소리가 메아리로 남아돌더라도
부디 외침을 멈추지 말거라.

　　!!전쟁, !!절대, !!반대 ──

사랑은 영원한 것

몸을 닦되 사랑으로,

나라를 세우되 사랑으로,

인류의 손을 잡되 사랑으로,

적조차도 사랑하는 것이 진정 사랑이란다.

먼저 사랑하면 사랑받게 되고

사랑받으면 멸망하지 않는다.

사랑에는 적이 없고

적이 없으면 전쟁도 없다.

여기애인(如己愛人)

네 몸같이 이웃을 사랑하여라!

사랑하는 아이들아.

초토의 꽃 • 31
– 종고(終苦)의 시간

1951년 4월 29일 밤
또다시 출혈이 넘쳤다, 오른쪽 넙다리에서.

숨을 몰아쉬고 두 손 부여잡고 떨며
…… 고통스럽소, 나를 위해 기도해 주시오.
어둠을 열고 하늘이 그의 이마에 닿을 때
새는 날의 첫 시간 성체를 모시고
들것에 육체를 맡긴 채
여기당 처마 끝에 걸린 햇살을 마지막 보았다.

나가사키 의과대학병원,
…… 내 몸을 닦아주겠소?
…… 고별의 시간이 저기 서 있소.
어둠은 다시 그의 침대 끝으로부터 걸어왔다.
어지러움, 초점 잃은 눈과 눈빛, 잇단 경련과 경련
루르드의 물로 몸을 달래고 영혼을 위로했다.

…… 예수, 마리아, 요셉
…… 당신 손에 제 영혼을 맡깁니다.
뼈와 살갗만 남은 오른손에 묵주, 왼손에 십자고상
…… 기도해 주오, 나를 위해.

달과 별과 온갖 바람도 묵상에 들고
하늘 한 장 내려와 부푼 몸을 감쌀 때
침잠하는 영혼
그 고요의 순간
잘 있거라, 나의 육체여.
장미 향이 사라지듯, 나 이제 머나먼 곳으로
떠나야 한다.
하느님 계신 본향으로, 영원으로.

성모성월이 시작되는 오월 첫날
그렇게 아픔은 끝났다.

초토의 꽃 • 32
- 무덤 앞에서

오월이 열리고 꽃들은 피는데
그대는
새 하늘 덮고 새 땅에 누웠구나.

육십 년 시간이 지나도
여기 시간이 삶의 끝이 아니고
떠난 것이 떠난 게 아닌 것은
둘레둘레 성모송 기도다발 안에
그대 기도목소리 살아있기 때문,

여기에서 거기까지
묵주사슬로 이어진 통공의 삶인 것을
우리는 믿고 있기 때문,

그때나 지금이나
우라카미 성당 종소리는 심장을 뛰게 하고

야윈 손가락 사이로 그대 숨결 살아
두 발 가지런히 모은 풀잎 위에 머물기 때문,

눈 뜨면
평화의 그늘이 내 이마에 드리우고
눈 감으면
하늘 꽃들이 온몸 감싸는 오월에
묵주 잡고 일어서는 그대를 본다.

오월 첫날
꽃들 사이로 하늘이 열리는구나.
땅이 올라가는구나.

제4부

초토의 꽃 · 33
- 나가사키의 성자(聖者)

여기는 여기당, 나가사키 큐슈
성자가 죽을 때까지 머물렀던 곳,
무심히 가는 이여, 내 말 좀 들어봐요.
1945년 8월 9일 나가사키 원폭 있던 날
우라카미 성당 바로 근처
원폭 피해가 가장 심했던 곳
나가사키 의과대학
교수요 의사인 그는
원폭에 피폭되어 원자병을 품고 살았지.
전공은 방사선학
만연했던 폐결핵 환자를 찾아 치료하고
후학들에게 방사선학 가르치려 동분서주
방사선조사 피해도 받았고
원자병을 자발적으로 업은 것도 아니요
입은 것도 아니기에,
품지 않고서야 가능한 일이겠는가?

원자병 환자에게 참말로 기막힌 사연
그가 선택한 것이 공교롭게도 방사선학이라.
1932년 대학을 수석 졸업했는데,
졸업식 며칠 앞둔 어느 날
중이염으로 쓰러졌는데 알고 보니 뇌막염이라
오른쪽 청력을 완전히 상실하고 말았지.
당시는 청진기 시대
청력을 잃는 것은 의사에겐 사형 선고
할 수 없이 선택한 것이 방사선과
새로운 의학 분야
설비도 지식도 모두 모자랐고
방사선 보호장치도 없었던 시대
과다 노출 방사선 앞에 죽는 이도 많던 날들
어찌하겠는가, 그도 백혈병에 걸리게 되었지.
아하, 그래서 어찌 되었소?
남은 수명이 이삼 년이라나?

선고받을 무렵
나가사키 원자폭탄 '뚱보사나이'가 떨어졌지.
의과대학은 폭심지에서 칠백 미터 떨어진 곳
근처의 건물들 다 사라졌고,
병원 철근 콘크리트 건물 일부만 남았고,
환자와 직원 팔 할이 죽었고,
한마디로 초토
죽음의 땅이 되었지.
그도 예외는 아니었어.
유리 파편이 오른쪽 관자놀이 동맥을 절단
피가 줄줄 흐르는 몸은 파편 더미에 깔리고
다행히 숨은 쉴 수 있을 정도,
살려줘~~~!
들릴 것 같지 않은 소리가 메아리쳤는지
벽 뒤에 살아남은 간호사 한 명
살아남은 이들 함께 파편 더미 걷어냈어.

피투성이의 성자

거룩한 삶이 빛나기 시작했지.

백혈병에 동맥 절단

제 몸 하나 건사하기도 힘든데, 어떻게?

병원이 불타고 있을 때

그는 붕대를 칭칭 감은 채

병동에 남은 환자들을 산으로 옮겼지.

거리에서 살아남은 이들이 병원으로 쏟아지는데,

옷은 폭풍에 날아가 버렸고

벌거숭이 몸은 피부와 뼈가 분리되고

너덜너덜하게 기어 오며 물을 달라고 외쳤어.

평생 처음 보는,

처음 겪는,

다시는 볼 수 없는 공포 앞에

정신이 붕괴한 듯

공포에 떠는 이가

공포에 질린 이를 구해야 하는 상황
그는 흰 천에
자기 머리에서 쏟아진 피와
다른 이들의 피로 깃발을 만들어 세웠지.
… 임시 야전병원 …
장비나 시설이 남아있지 않았어.
환자 몸에 박힌 유리 파편 나무 조각을 빼주고
소독약을 발라주며
계곡에서 물을 길어 와 제공하는 것이 전부
그래도 아비규환 환자들이 밀려들었지.
환자들을 대피시키고 돌보는 일에 몰두하다
원자폭탄이 터지고 사흘째 날에야
그는 집으로 갈 수 있었어.
아내가 살아있다면
틀림없이 병원으로 찾아왔을 터인데
사흘이 지나도 보이지 않구나.

아내 걱정에 목이 타고

죽었으리라 예감했지만

오호 슬픈 예감이여,

깨어진 기왓장과 재밖에 없는 곳

그는 타다만 검은 덩어리를 발견했어.

아내의 오른손 뼈마디 사이

타다만 묵주(默珠)가 희미하게 빛나고 있었어.

가눌 수 없는 눈물 흘리며

우그러진 양동이에 유골을 담았지.

두개골과 엉덩이뼈

그리고 척추

… 휑한 바람 타고 공중에 던져진 느낌

아내의 뼈를 잡고 용서를 빌었어.

당신이 죽어가고 있을 때 곧장 가지 못해 미안하오.

양동이 들고 걸을 때 덜그럭거리는 뼈들의 소리

아니에요, 저를 용서하세요,

용서 구할 사람은 당신이 아니고 저예요.
마치 아내의 목소리로 들렸어.
노을 속 가족 묘지에 유골을 묻었어.
아, 슬픈 일, 아내는 어떤 사람이요?
모리야마 미도리
그가 의과대학 다닐 때 하숙집 딸,
그 일도 참 기이하지.
그는 원래 무신론자
일본인의 신도(神道)도 서양 신(神)도
경멸하는 철저한 무신론자,
하루 세 번 울리는 우라카미 천주당
삼종기도 종소리가 시끄럽게 여겨졌는데
이러한 그를 바꾸게 된 사건은
사랑하는 어머니와의 영원한 이별이었어.
뇌졸중으로 갑자기 돌아가신 어머니
육신은 떠나갔는데

영혼은 자기 곁에 머무르는 느낌
파스칼의 『팡세』를 읽으며
영혼 문제에 빠져들었지, 그때
알 수 없는 무언가가
마음에 소용돌이치는 경험의 연속
파스칼이 절대 진리라고 일컫는 것
인생의 의미에 대해서 알고 싶었어.
그 길을 찾아 그가 취한 것은
학교 근처 그리스도교 가정 하숙을 구하는 것,
섭리인지 우연인지
삼백 년간 그리스도를 믿어온 신앙인
숨은 기리시탄 집안
숨은 조직의 우두머리 초카타 집안이었어.
그리스도교 박해를 피해
2세기 반 동안 그리스도인 비밀본부였던
그 집안으로 걸어 들어간 것이었어.

바로 그 집안의 딸이 그의 아내였어.
치열했던 만주 전선에서 돌아와
그는
모리야마 미도리와 결혼하였는데,
전쟁 공간에서 누린 짧은 행복
그 끝에 만난 아내의 유골
참, 기가 찰 노릇이었지.
전쟁의 막바지 1945년 8월
상처 깊고 병도 높은
몸뚱이를 끌고 아이들을 돌보았지.
8월 15일 일본 무조건 항복 선언
그해 9월 초
심각한 병증으로 고통에 놓인 그가
목숨의 마지막 지경에 이르렀을 때
장모가 혼고우치의 샘물을 먹였어.
그에게 들린 내면의 소리

막시밀리안 콜베 신부에게 기도하라,
청하여라!
고통이 사라지는 기적이 일어났어.
놀라워라, 말로 다 할 수 없는 사실이여!
초토의 나가사키 폐허더미 움막 생활
가을비에 낙진이 씻겨 나가고,
개미와 지렁이가 살아 움직이고,
들에는 푸른 풀이 돋을 무렵
병든 몸을 일으켜 사람들을 위로했어.
폐허 위에 희망의 씨를 뿌리고
다시 정착하자고 격려를 쉬지 않았어.
1945년 11월 23일 우라카미 성당
위령미사가 열리던 날,
그는 말했어,
우라카미에서 죽은 팔천 명의 그리스도인은
제2차 세계대전과 연루된 모든 민족의

죄악에 대한 속죄의 번제물이라고.
사람들은 번제물이라는 말에 분노했지.
그들도 삼백 년 긴 박해를 견딘
믿음이 굳은 사람들이라
나가사키 그리스도의 양 떼가
하느님 앞에 바쳐진 흠 없는 어린양
그 번제물로 인해 평화가 찾아왔다고
그가 연설을 맺자 깊은 침묵이 흘렀지.
시간은 강물처럼
말없이 제 걸음으로
초토의 나가사키 구석구석 거닐었고
그는 인류 최초의 원폭 경험을 기록했지.
그 책이 바로 『나가사키의 종』
출간하고자 했을 때
나서는 출판사가 없었어.
아무도 그 비참한 기억

떠올리고 싶지 않았겠지.
그는 실망하지 않고
부르스 마셜의 『세상, 육체 그리고 스미스 신부』
유명 여성 월간지에 번역 연재했어.
기적 같은 일이 또 벌어졌어.
돈이 쏟아 들어오기 시작했어.
여러 잡지사 원고 청탁이 쇄도하고
『나가사키의 종』도 베스트셀러
영화로도 만들어져 흥행 1위를 기록했어.
오호, 경제적으로 여유가 생겼네요?
그건 맞지만, 마저 들어보시오.
대학에서 방사선학을 가르치던 그가
1946년 7월, 기차역에서 갑자기 쓰러졌어.
그해 11월에 병상에 누운 후
일어나지 못했지.
비장이 부어 엎드릴 수 없어

머리 위쪽 나무 책받침을 고정해 놓고
누운 채 글을 썼지.
백혈병 선고 후 약 3년의 여명(餘命)
원폭의 후유증이 더욱 심한 몸
자신에게 허락된 시간
아이들 자립시키는 데 쓰기로 결심했지.
1947년, 죽은 아내의 친척이
다다미 여섯 장 크기의 집을 지어
그와 장모, 두 아이가 함께 생활했지.
그즈음 원고료가 넉넉히 들어와도
필수 생활비 외에는
나가사키 재건 사업에 모두 내놓았어,
거액으로 벚나무 묘목 천 그루
폐허의 성당 주변, 학교 운동장, 도로변에 심었지.
1947년 12월,
성 빈첸시오 아 바오로 회원들이 그에게

한 평 남짓
방 한 칸짜리 집 하나를 지어 주었는데
그게 바로 '여기당'
이웃을 네 몸같이 사랑하라는 말씀이지.
들어보았지요?
남은 생애
아이들에게 하고 싶은 말
모두 글로 남겼는데
세상을 떠난 1951년까지 20권의 책
많은 책이 베스트셀러라.
더불어 여기당 방문객은 늘어나고
거룩한 사람의 충고를 듣기 위해
일본 전역에서 사람들이 몰려왔지.
일본뿐만 아니라 세계에서 그를 찾아왔지.
1948년 10월 18일은 헬렌 켈러
1949년 5월에는 나가사키를 방문한 천황

1949년 8월 15일은 오스트레일리아의 길로이 추기경
교황 비오 12세의 특사로 그를 방문하였지.
1949년 10월 21일은 유명 바이올리니스트
알렉산드르 모길레브스키가 여기당을 방문
그를 위해 바이올린 연주
슈베르트의 「아베 마리아」,
근처 소학교 피폭 어린이들과
맹아학교 학생들 함께 그 연주를 들었어.
그리고 1951년 5월 초하루
만나는 사람마다 사랑의 메시지를 전하던
일본 국민과 세계인에게 평화를 노래하던
그가 평화롭게
사랑하는 이들에게 둘러싸여
아내 곁으로 떠났지.
가는 그날까지 자신의 시신을
나가사키 의과대학 백혈병 연구용으로 내놓았어.

어떤가?
시신 기증조차 힘들어하는 우리에게
그것만으로도 감탄하게 만드는 세상에서
마지막 남은 것까지 온전히 내어놓은
가난한 부자의 희생과 헌신
그 몸에서 묻어나는 사랑의 힘에
감동하지 않을 수 있을까?
그는 평소 환자들을 위로하며
육신의 고통은
천국에 보물 쌓는 기회라고 했어.
백혈병의 고통
원자병의 고통
그것이 천국의 보물로 쌓여있기를!
그렇겠지요, 그런데 그가 도대체 누구요?
그는 바로 나가사키의 간디
나가사키의 성자

사랑으로 부르는 평화 노래의 연주자
나가이 다카시라고 하지요.

발문

영혼의 시학, 피폭의 땅에서 피어난 사랑과 평화의 시편

발문

영혼의 시학, 피폭의 땅에서 피어난 사랑과 평화의 시편

박영일 바오로 신부

(한국여기회 이사장)

한명수의 연작시집 『초토의 꽃』은 나가사키 원폭 피폭자이자 가톨릭 신앙인, 그리고 의사로서 생을 불살랐던 나가이 다카시 박사의 삶을 온전히 시로 재현해 낸 독보적인 작업이다. 이 시집은 단지 한 인물의 전기적 생애를 옮겨놓은 서사시가 아니라 신앙과 고통, 회심과 헌신, 죽음과 평화의 시학(詩學)으로, 시대와 인종, 국경을 초월하는 보편적 영성의 문학적 형상화로서 그 가치가 빛난다.

한 시인은 "초토의 꽃"이라는 상징 안에 절망 속에 피어난 희망, 죽음 속에서 퍼 올린 생명의 물, 인간 증오의 재앙을 사랑으로 이겨낸 한 사람의 믿음을 꾹꾹 눌러 담았다. 시인은 나가이 다카시를 단순한 전쟁 피해자나 의학적 인물로 그리지 않고, 하느님의 말씀을 실천했던 '증인'이자, '기도하는 생명의 표상'으로 그려냈다. 특히 「초토의 꽃·18 - 불탄 땅에서 일어서다」와 「초토의 꽃·22 - 연설」은 박사의 내면적 깊이와 신앙의 역설을 가장 강렬히 드러낸 작품으로, 죽음을 초월한 영적 승리자의 모습을 부각시킨다. 바로 나가이 다카시를 '기도하는 실존'의 상징으로 그려낸 것이다.

그런 측면에서 『초토의 꽃』은 한국가톨릭문학의 한 축을 형성하는 영성시이자, 원폭이라는 비극의 역사 앞에서 피어난 신앙인의 삶과 평화의 증언으로서 문학사적 가치가 뚜렷한 작품집으로 규정할 수 있다. 가톨릭문학에서 보기 드문 '연작시 전기'라는 형식을 택한 이 시집은 나가이 다카시의 생애를 연대기적으로 따라가면서도, 각각의 시가 독립된 영적 묵상으로 읽히는 구조를 갖추고 있다. 이는 '한국 시문학과 일본 현대사, 그리고 천주교 전례의 깊이'가 교차된 독특한 울림으로 독자의 내면을 두드린다. 또한, "여기당", "묵주", "벚나무 천 그루" 등 시 속에 녹아 있는 여러 상징은 일본의 상흔을 넘어선 평화의 은유로, 이는 21세기적 '기억문학'이자 '반전문학'으로서의 구실을 한다. 세계문학사적으로 볼 때도, 세계사에 두드러진 역사적 인물들과 나가이 박사의 영성적 초상을 비교할 수 있을 정도로, '한 인간이 어떻게 세상에 성스러운 흔적을 남겼는가'를 시문학적으로 구현한 사례라고 할 수 있다.

  한명수 시인은 나가이 다카시의 삶을 '기도하며 살피고, 묵상으로 체화한 후, 시로 증언'하는 방식을 택했다. 그래서 『초토의 꽃』은 읽는 이에게 단순한 감동을 넘어서 영적 울림과 자기 성찰의 시간을 선물한다. 이뿐만 아니라, 시인은 나가이 다카시를 노래하는 데 있어서 엄숙한 책임감을 안고 이 시집을 엮었다. 그 신중한 태도가 문장 하나하나에 배어 있다는 것을 확인할 수 있었다. 그는 그런 진중함으로 나가이 다카시의 영혼을 '초토의 땅' 위에 다시 피워낸 것이다. 특히 「초토의 꽃·33 - 나가사키의 성자」는 형식적으로도, 가사문학의 호흡과 자유시의 율조가 교직(交織)되어, 한국 시문학의 전통성과 현대성을 동시에 아우른 형식미를 자아낸다. 이와 더불어 이 시집은 단순한 헌사나 평전이 아닌, 평화와 사랑을 향한 '문학적 순례'의 기록으로서 오늘날 핵의 위협이 여전한 세계, 전쟁과 민족 분쟁이 끊이지 않는 국제사회에 영적 질문을 던지고 있다. "전쟁이 인간을 구원하는가?", "사랑 없는 과학은 무엇을 낳는가?", "기도는 정말 세계를 바꿀 수 있는가?" 이 질문은 단순히 신앙인에게만이 아니라, 모든 독자에게 던지는 시적 양심의 울림이다.

요약하자면, 시집 『초토의 꽃』은 한 인물의 삶을 통해 하느님의 사랑과 평화가 어떻게 실현되는지를 보여주는 시문학의 경건한 기도이자, 실천하는 영성의 기록이다. 가톨릭문학의 영역을 넘어선 세계문학적 평화의 증언으로서, 그 어떤 군사적 언어보다 강한 시의 평화적 울림은, 오늘날 세계가 가장 갈망하는 메시지임이 틀림없다. 이 시집이 가톨릭 신앙인의 묵상 자료를 넘어서, 반전과 평화, 사랑과 생명의 문학적 증언으로 더 널리 읽히고, 더 많은 언어로 읽히기를 바란다.

후기

　나가이 다카시 박사를 처음 만난 것은 1980년 가을, 내가 다니던 성당 도서실에서였다. 책꽂이에 꽂혀 있던 그의 저서 『영원한 것을』을 우연히 집어 들고 읽게 되었고, 그것이 박사와의 인연의 시작이었다. 성바오로출판사에서 나온 이 책은 본당 신자들을 위해 마련된 조용한 공간에 있었다. 어떤 계기로 그 책을 골랐는지는 기억나지 않지만, 그것이 내 삶의 중요한 전환점이 되었음은 분명하다.

　그 뒤로 나는 1990년대 말 나가사키에 가서 그가 생전에 살았던 '여기당'을 방문하였다. 이어서 나가이 다카시 기념관과 나가사키 원폭 자료관, 평화공원, 우라카미 대성당 등을 순례했고, 이후 2000년대에도 여러 차례 그를 따라 걷는 여정을 이어갔다. 오랜 세월 동안 나는 '네 이웃을 네 자신처럼 사랑하라'(마태 22,39; 마르 12,31)는 복음 말씀을 수도 없이 들었고, 그렇게 살아야 한다고 마음먹었지만 실제로는 그러지 못했다. '그렇게 사는 일이 얼마나 어려운가?'라는 자기합리화에 갇혀 있던 내게, 나가이 박사는 이웃사랑을 삶으로 실천한 참된 본

보기로 다가왔다.

 이후 나는 박사에 관한 다양한 책과 자료를 꾸준히 접하며 그의 삶에 대한 묵상을 이어갔다. 그러던 중 글을 쓰게 되었고, 그것이 연작시로 발전하여 시집으로 엮이기에 이르렀다. 박사를 처음 만난 이후 45년 만에 내게서 맺어진 결실이다.

 이 시집은 총 네 부로 구성되어 있다. 제1부는 박사에 대한 추모의 노래들이며, 제2부는 그의 출생부터 1945년 8월 나가사키 원폭 투하까지의 생애를 그렸다. 제3부는 피폭 이후부터 선종에 이르기까지의 삶을 담았고, 제4부는 그의 일생을 한 편의 긴 시로 노래한 것이다. 마지막 작품은 우리 고유의 가사문학 호흡에 자유시의 기법을 더해 완성하였다. 제1부부터 제3부까지는 한국여기회에서 발행한 『여기애인』에 연재했던 작품들이며, 제4부는 2025년 한국가사문학창작연구회 동인지에 발표하기 위하여 쓴 것이다.

 '초토의 꽃'은 절망 속에서 피어난 희망이며, 기도하는 생명 그 자체로서 나가이 다카시 박사를 상징하는 은유다. 박사의 삶과 영성, 그리고 사랑을 시 한 편 한 편에 담아내는 작업은 기쁨과 걱정이 함께하는 여정이었다. 단순히 그의 이야기를 풀어내는 데 그쳐서는 문학적 감동을 줄 수 없다는 생각, 어설

프게 다루면 오히려 그의 정신을 훼손할 수 있다는 우려가 늘 마음 한편에 자리했다. 나가이 다카시를 깊이 존경하는 이들이 그의 삶을 묵상하는 데 방해가 되어서는 안 된다는 책임감 또한 무거웠다. 그러나 그런 기쁨과 걱정이 하나의 바퀴처럼 굴러가며, 나는 그가 보여준 사랑의 삶을 더 깊이 묵상하게 되었고, 내 영적 여정에도 크나큰 도움이 되었음을 고백하지 않을 수 없다. 이 시집을 통해 나가이 다카시 박사의 삶과 영성이 더 많은 이들에게 전해지고, 그가 실천한 사랑의 삶이 오늘 우리의 삶 안에서도 살아 숨 쉬는 계기가 된다면, 그것만으로도 이 시집은 충분히 제 역할을 다한 셈일 것이다.

 끝으로 이 시집의 발간을 흔쾌히 허락해 주시고 추천사를 써주신 조환길 대주교님, 발문을 써주신 한국여기회 이사장 박영일 신부님과 권오광 회장님, 그리고 여러 이사님과 임원들께 깊은 감사의 마음을 전한다. 특히 이 시집이 세상에 나올 수 있도록 산파 역할을 맡아주신 민병옥 이사님의 노고에도 깊은 감사를 드린다.

한 명 수